FASHION DESIGN HANDBOOK

DESIGN DE MODE **I** MODEDESIGN **I** MODEONTWERP

© 2009 **booQs** publishers bvba
Godefriduskaai 22
2000 Antwerp
Belgium
Tel.: + 32 3 226 66 73
Fax: + 32 3 226 53 65
www.booqs.be
info@booqs.be

ISBN: 978-94-60650-05-5
WD: D/2009/11978/006
(Q006)

Editor & texts: Chidy Wayne
Art direction: Mireia Casanovas
Layout: Esperanza Escudero
Translation: Cillero & de Motta Traducción

Editorial project:

maomao publications
Via Laietana, 32, 4.º, of. 104
08003 Barcelona, Spain
Tel.: +34 932 688 088
Fax: +34 933 174 208
maomao@maomaopublications.com
www.maomaopublications.com

Printed in China

FASHION DESIGN HANDBOOK

DESIGN DE MODE | MODEDESIGN | MODEONTWERP

CONTENTS

Fashion goes beyond the garments we wear to to work, for an elegant dinner or for a trip to the mountains. The world of fashion is not only about clothes. If you want to survive in this complex and competitive environment, your outfits are not just to be worn, they must have added sensations. The object is that your clients will long to wear your designs. And what better way is there to achieve this than making them imagine that they are the person wearing the outfit: the model. Models are an essential element in the world of fashion; their figure and dramatic qualities have the purpose of seducing the future buyer. These can be expressed through hundreds of poses, and the pages of the *Fashion Design Handbook* give clear examples. Starting with a sketch, the garments are drawn on the human body and are repre-sented in several postures, which enable you to see how movement affects the garments and how they change with each position. To complete the representation, step-by-step exercises are also included explaining how to apply color to fashion illustrations.

With all of these things, *Fashion Design Handbook* is a book that is sure to help designers, illustrators, models, photographers, and lovers of fashion in general.

La mode va bien au-delà des vêtements que nous portons pour aller travailler, pour se rendre à un dîner élégant ou pour partir en excursion à la montagne. Le monde de la mode ne se limite pas uniquement aux créations vestimentaires. Pour survivre dans ce milieu complexe et compétitif, il ne suffit pas simplement de mettre les vêtements en valeur, il faut également y ajouter des sensations. L'objectif est que le client soit attiré par le fait de porter les créations. Et la meilleure façon d'y parvenir consiste à lui faire imaginer qu'il est la personne qui porte ces pièces : le mannequin.

Le mannequin, dont la figure et la théâtralité ont pour objectif de séduire le futur acheteur, revêt une importance fondamentale dans l'univers de la mode. Ces concepts peuvent être exprimés par des centaines de poses et les pages de *Design de mode* en sont un exemple indéniable. En partant d'un dessin à plat, les vêtements sont placés sur le corps humain et sont représentés dans plusieurs postures, ce qui permet, en outre, d'apprécier de manière didactique la façon dont le mouvement influe sur les vêtements et comment ces derniers varient en fonction de chaque position. Pour compléter l'observation, ce manuel contient des exercices à réaliser par étape afin d'apprendre à appliquer les couleurs sur les illustrations de mode. Grâce à tous ces éléments, *Design de mode* est un livre qui viendra assurément en aide aux créateurs de mode, aux illustrateurs, aux mannequins, aux photographes et aux passionnés de la mode en général.

Die Mode geht weit über die Kleidung, die wir zur Arbeit, bei einem eleganten Abendessen oder einem Ausflug in die Berge tragen, hinaus. Mode ist nicht gleich Kleidung. Wer in dieser komplizierten und wettbewerbsträchtigen Welt überleben möchte, darf Kleidungsstücke nicht euinfach tragen, sondern muss ihnen Eindrücke hinzufügen. Der Zweck ist, dass der Kunde die Kreationen begehrt. Wie könnte man dies besser erreichen, als den Kunden glauben zu lassen, dass er die Person, d.h. das Model, ist, das dieses Kleidungsstück trägt.

Das Model ist ein Grundelement in der Modewelt, dessen Figur und theatralisches Auftreten die Verführung des künftigen Käufers bezwecken. Diese Fähigkeiten können mit vielen verschiedenen Körperhaltungen ausgedrückt werden – und *Modedesign* ist ein klares Beispiel dafür. Ausgehend von einem flachen Muster wird das gleiche Kleidungsstück um den Körper gehüllt und in verschiedenen Haltungen dargestellt. Auf diese Art kann didaktisch dargestellt werden, wie die Bewegung das Kleidungsstück beeinflusst und wie es sich bei den einzelnen Körperhaltungen verändert. Um diese Tatsache zu praktizieren, werden Übungen angefügt, die Schritt für Schritt zeigen, wie Farben bei der Illustrierung von Mode verwendet werden.

Aufgrund aller dieser Elemente ist *Modedesign* ein Buch, das Designern, Illustratoren, Models, Fotografen und im Allgemeinen allen Modeliebhabern sicher eine Hilfe sein wird.

Mode is meer dan de kleding die we aantrekken naar ons werk,
voor een elegant diner of voor een wandeltocht door de bergen. De
modewereld is niet alleen kleding. Als men in deze complexe en
concurrerende wereld wil overleven, is het niet voldoende om de
kleding simpelweg te showen, maar moeten er gevoelens worden
toegevoegd. Doelstelling is dat de klant er verlangend naar uitziet om
de creaties te dragen. En de beste manier om dat te bewerkstelligen is
om de klant zich te laten verbeelden dat hij of zij zelf degene is die dat
kledingstuk draagt: het model.

Een essentieel element in de mode is het model, wiens figuur en theatraliteit tot doel hebben om de toekomstige koper te verleiden. Dit kan
worden uitgedrukt door middel van honderden poses en de bladzijden
van *Modeontwerp* zijn daar een duidelijk voorbeeld van. Uitgaande
van een platte tekening, worden dezelfde kledingstukken op het
menselijk lichaam geplaatst en worden er verschillende houdingen
weergegeven. Daarmee kan men bovendien op didactische wijze zien
hoe de beweging invloed heeft op de kleding en hoe dat bij iedere
houding verandert. Om de waarneming aan te vullen zijn er oefenin-
gen opgenomen waarin stap voor stap wordt uitgelegd hoe de kleur
wordt aangebracht in mode-illustraties.

Met al deze items is het *Modeontwerp* een boek dat ontwerpers, illustratoren, modellen, fotografen en modeliefhebbers in het algemeen
tot hulp zal zijn.

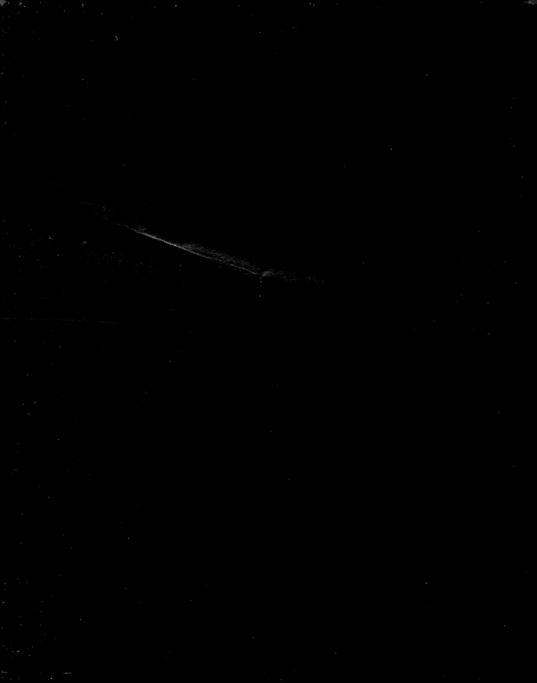

BASIC RULES AND PROPORTIONS

BASES ET PROPORTIONS

GRUNDLAGEN UND PROPORTIONEN

UITGANGSPUNTEN EN PROPORTIES

When drawing the human figure
it is crucial to be familiar with the
structure and proportions of the body.
One technique that is really useful
is to begin by reducing the figure to
geometric shapes.

Pour dessiner une silhouette humaine,
il est essentiel de connaître les
structures et les proportions du corps.
Une des techniques les plus utiles
est de commencer par simplifier la
silhouette en formes géométriques.

Beim Zeichnen des menschlichen
Körpers ist es wesentlich, die
Strukturen und Proportionen
des Körpers zu kennen. Eine der
nützlichsten Techniken dabei ist, die
Figur zunächst auf geometrische
Formen zu reduzieren.

Bij het tekenen van de menselijke
figuur is het wezenlijk om de
structuren en proporties van het
lichaam te kennen. Een van de
meest gebruikte technieken is om
de figuur eerst terug te brengen tot
geometrische vormen.

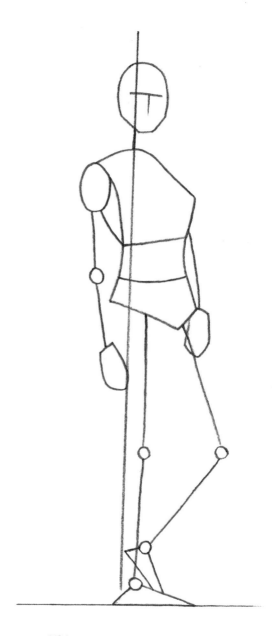

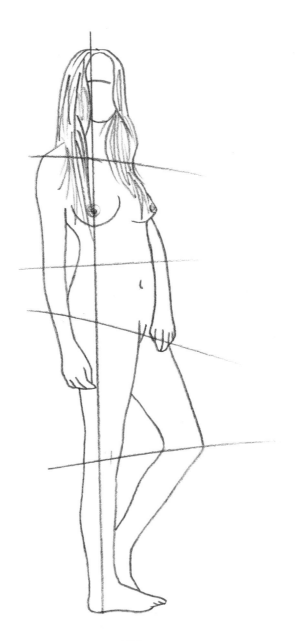

The main difference between men and women is their thoracic cavity (more square-shaped in men), waist (narrower in women) and pelvis (straighter in men and shapelier in women).

Ce qui différencie principalement les hommes des femmes est la cage thoracique (plus carrée chez les hommes), la taille (plus étroite chez les femmes) et le bassin (plus droit chez les hommes et avec plus de formes chez les femmes).

Was Männer und Frauen hauptsächlich unterscheidet sind Brustkorb (bei Männern quadratischer), Taille (schmaler bei Frauen) und Becken (gerader bei Männern und geschwungener bei Frauen).

De belangrijkste verschillen tussen mannen en vrouwen zijn de borstkas (deze is vierkanter bij mannen), de taille (smaller bij vrouwen) en het bekken (rechter bij mannen en ronder bij vrouwen).

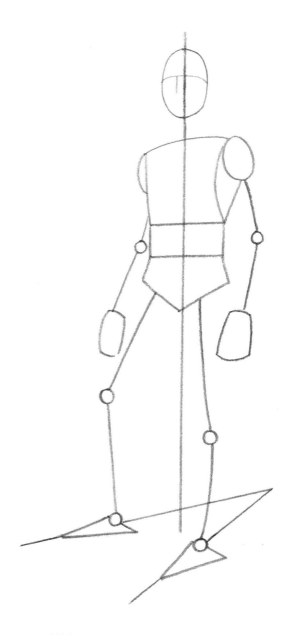

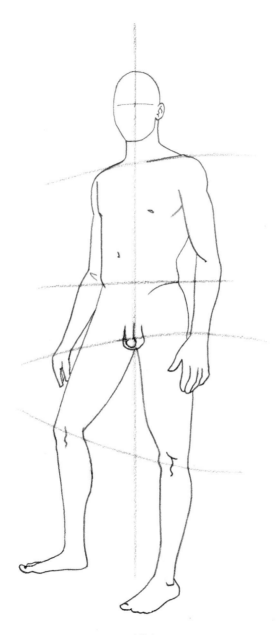

The classic rule of beauty establishes an eight-head canon for the proportions of the human body. In fashion, even more slender bodies are desired; therefore eight and a half heads will be used.

Le canon classique de la beauté établit un canon dont la proportion est de huit têtes. Etant donné que dans la mode on demande des corps encore plus sveltes, on utilisera huit têtes et demie.

Die klassischen Schönheitsregeln legen eine Proportionsregel mit acht Köpfen fest. Da in der Mode noch schlankere Körper gefragt sind, werden achteinhalb Köpfe verwendet.

Het klassieke schoonheidsideaal stelt een verhouding van acht keer de hoofdlengte vast. Aangezien lichamen in de modewereld nog slanker moeten zijn, wordt uitgegaan van acht en een half hoofden.

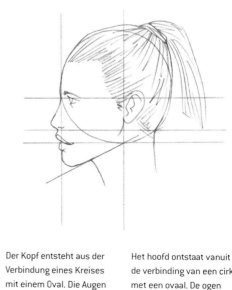

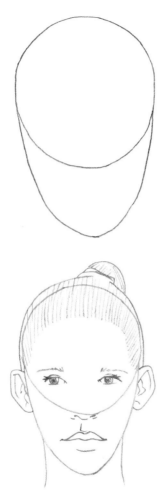

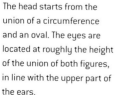

The head starts from the union of a circumference and an oval. The eyes are located at roughly the height of the union of both figures, in line with the upper part of the ears.

La tête naît de l'union d'un cercle et d'un ovale. Les yeux se situent approximativement à la hauteur de l'union des deux formes, alignés avec la partie supérieure des oreilles.

Der Kopf entsteht aus der Verbindung eines Kreises mit einem Oval. Die Augen werden ungefähr auf die Höhe der Verbindung beider Figuren gesetzt und mit dem oberen Teil der Ohren ausgerichtet.

Het hoofd ontstaat vanuit de verbinding van een cirkel met een ovaal. De ogen liggen ongeveer ter hoogte van waar beide figuren samenkomen en liggen op een rechte lijn met de bovenkant van de oren.

Regardless of the position of the head, it is important for there to be a coherent relationship between the eyes, nose, ears and mouth. These examples illustrate this principle

Indépendamment de la position de la tête, il est important de maintenir un rapport cohérent entre les yeux, le nez, les oreilles et la bouche. Voici quelques illustrations en guise d'exemple.

Es ist wichtig, dass unabhängig von der Kopfstellung eine kohärente Beziehung zwischen Augen, Nase, Ohren und Mund gewahrt wird. Folgende Beispiele sollen zur Anschauung dienen.

Het is belangrijk dat, onafhankelijk van de stand van het hoofd, een coherente verhouding wordt aangehouden tussen ogen, neus, oren en mond. Deze voorbeelden dienen ter illustratie.

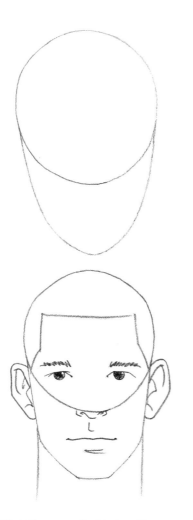
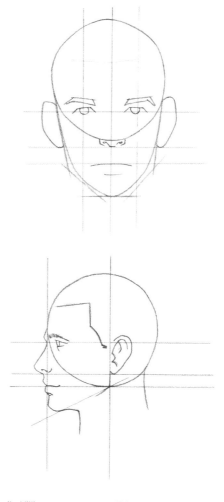

Millions of different faces exist. Even so, generally we can say that men have finer lips and a more angular face than women.

Il existe des millions de visages différents. Cependant nous pouvons dire de manière générique que l'homme a, en général, les lèvres plus fines que la femme et le visage plus anguleux.

Es gibt Millionen verschiedene Gesichter. Trotzdem könnte man generell sagen, dass Männer schmalere Lippen und ein kantigeres Gesicht als Frauen haben.

Er bestaan miljoenen verschillende gezichten. Desalniettemin kan men in het algemeen stellen dat mannen dunnere lippen en een hoekiger gezicht hebben dan vrouwen.

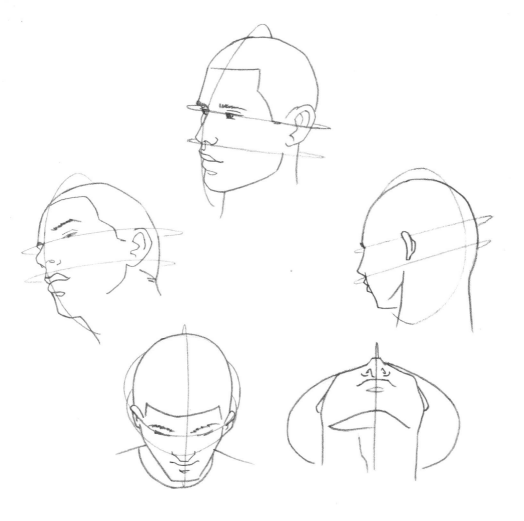

The components of the face move as part of a whole, this being the reason why they should not be shown in the same way when they are drawn in different positions.

Les différentes parties du visage bougent comme un ensemble, c'est pourquoi nous ne devons pas les représenter de la même façon lorsque nous les dessinons dans des positions différentes.

Die einzelnen Gesichtsteile bewegen sich wie Teile eines Ganzen, so dass sie nicht gleich dargestellt werden dürfen, wenn sie in verschiedenen Stellungen gezeichnet werden.

De delen van het gezicht bewegen als onderdeel van een geheel. Vandaar dat ze niet op dezelfde manier moeten worden weergegeven in verschillende standen.

Fingers are not parallel. Separating them in slightly V shapes and dividing them by three subtle lines will make them more realistic.

Les doigts de la main ne sont pas parallèles entre eux. Si on les sépare par de légères formes en « V » et qu'on les divise en trois au moyen de fines raies, on les dotera d'un plus grand réalisme.

Die Finger der Hand sind nicht parallel zueinander. Trennt man sie mit leichten „V" Formen und teilt sie mit subtilen Strichen in drei Teile, werden sie realistischer.

De vingers liggen niet parallel ten opzichte van elkaar. Door ze van elkaar te scheiden door een lichte "V-vorm" en ze in drieën te delen door middel van subtiele strepen, lijken ze echter.

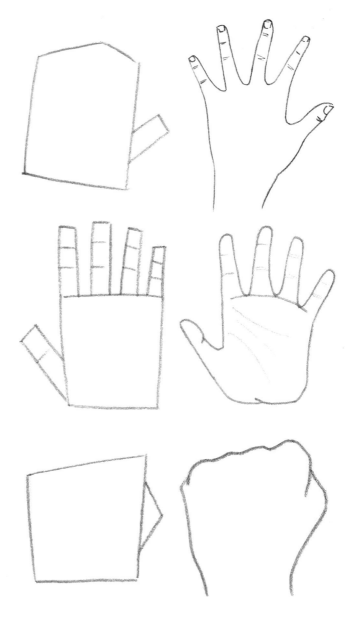

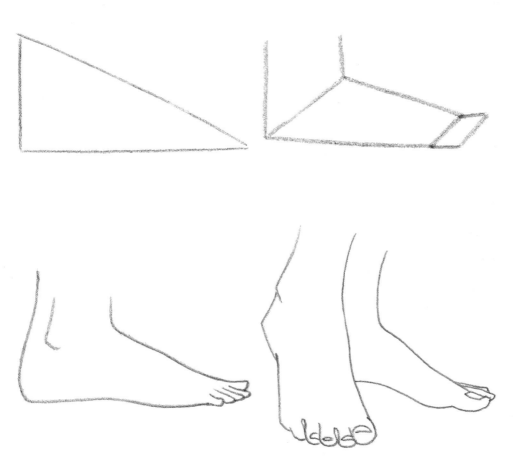

Feet are one of the parts of the human body that are most complicated to get right. The sole of the foot is never totally flat and neither is the instep.

Les pieds sont une des parties du corps humain les plus compliquées à reproduire correctement. La plante du pied ainsi que le cou-de-pied ne sont jamais totalement plats.

Die Füße gehören zu den Teilen des menschlichen Körpers, die am schwierigsten richtig wiederzugeben sind. Fußsohle wie auch Spann sind nie vollkommen flach.

De voeten zijn een van de moeilijkste lichaamsdelen om op de juiste manier vorm te geven. De voetzool is nooit helemaal plat en de wreef evenmin.

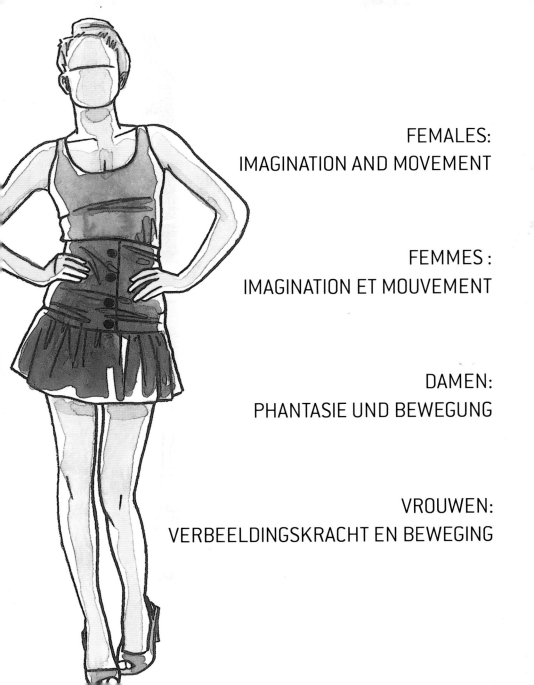

FEMALES:
IMAGINATION AND MOVEMENT

FEMMES :
IMAGINATION ET MOUVEMENT

DAMEN:
PHANTASIE UND BEWEGUNG

VROUWEN:
VERBEELDINGSKRACHT EN BEWEGING

The range of poses that the female model has mainly depends on her own imagination, as she has a countless choice of postures, naturally always falling within certain aesthetic codes.

The level of drama can be extreme in the female model, with poses that are not normally seen in day-to-day life but which work in the world of fashion.

Here we can see poses in different types of skirts, pants, summer outfits, long and short coats, and in flat and high-heel shoes.

L'univers des poses pouvant être prises par un mannequin féminin dépend en grande partie de sa propre imagination, puisque la femme possède un éventail immense de postures, à condition, bien évidemment, que celles-ci restent inscrites dans certains codes esthétiques.

Le niveau de théâtralité peut atteindre des limites extrêmes chez un mannequin féminin, avec des poses très peu courantes dans notre quotidien, mais tout à fait valables dans le monde de la mode.

Ce chapitre nous permettra d'apprécier des poses avec différents types de jupes et pantalons, vêtements d'été, manteaux longs et courts, chaussures plates et à talon.

Die Vielfalt der Körperhaltungen eines weiblichen Models hängt hauptsächlich von der eigenen Phantasie ab, da – natürlich im Rahmen bestimmter ästhetischer Regeln – ein unendliches Sortiment an Körperhaltungen zur Verfügung steht.

Das theatralische Auftreten kann bei weiblichen Models ins unermessliche übertrieben werden und Körperhaltungen umfassen, die zwar im Alltag kaum gewöhnlich, aber in der Modewelt nicht als ungewöhnlich empfunden werden. Hier sind Körperhaltungen mit verschiedenen Rock- und Hosenarten, Sommerkleidern, langen und kurzen Mänteln, flachen Schuhen und Schuhen mit Absatz dargestellt.

Het universum van poses waarover een vrouwelijk model beschikt, is vooral afhankelijk van haar eigen verbeeldingskracht, aangezien zij een oneindig groot palet van houdingen heeft, uiteraard altijd binnen bepaalde esthetische codes. De mate van theatraliteit kan bij een vrouwelijk model tot het uiterste worden doorgevoerd, met in het dagelijkse leven zeer ongebruikelijke poses, die echter in de mode van kracht zijn. Hier zien we poses met verschillende soorten rokken en broeken, zomerkleding, lange en korte jassen, met platte schoenen en hakken.

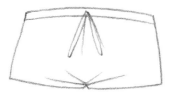

Top et short // Top und Shorts // Top en shorts

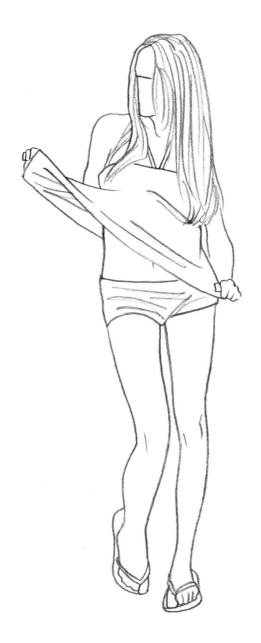

Correctly shading the top helps to distinguish the garment even if it is being manipulated by the model. If the interior can be seen, it should be colored in a darker shade than the exterior.

Le fait de foncer correctement le top permet de distinguer le vêtement même s'il est manipulé par la figurine. Si la partie intérieure est visible, on la coloriera alors d'un ton plus foncé que la partie extérieure.

Indem das Top etwas schattiert wird, wird es als Kleidungsstück hervorgehoben, auch wenn es von der Modepuppe manipuliert ist. Ist die Innenseite sichtbar, muss sie mit einem dunkleren Farbton als die Außenseite gemalt werden.

Het op de juiste manier arceren van de top maakt dat het kledingstuk meer opvalt, ook al wordt het gemanipuleerd door de modetekening. Als de binnenkant zichtbaar is, krijgt deze een donkerdere kleur dan de buitenkant.

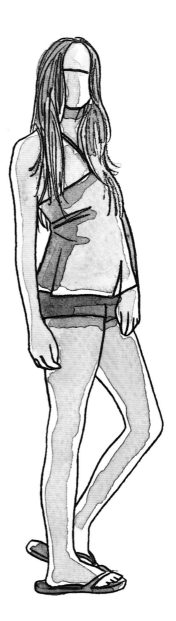

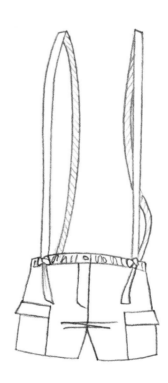

Débardeur et combinaison courte // Trägertop und kurzer Overall // Top met schouderbandjes en korte tuinbroek

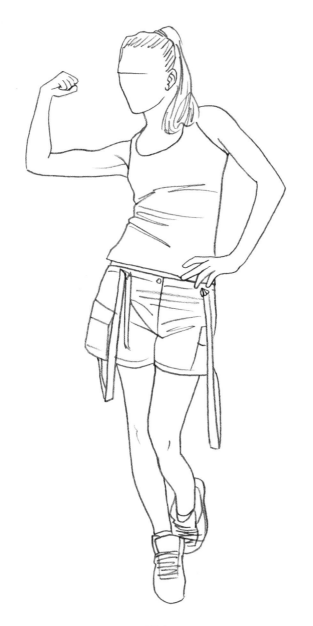

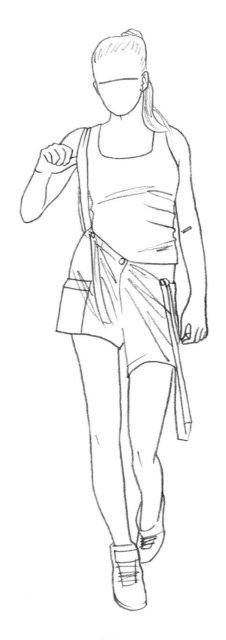

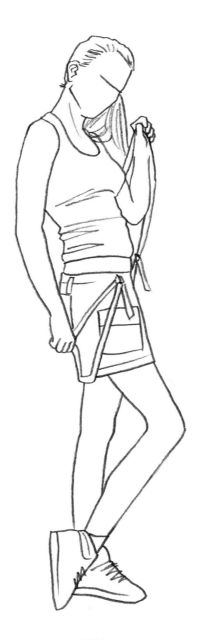

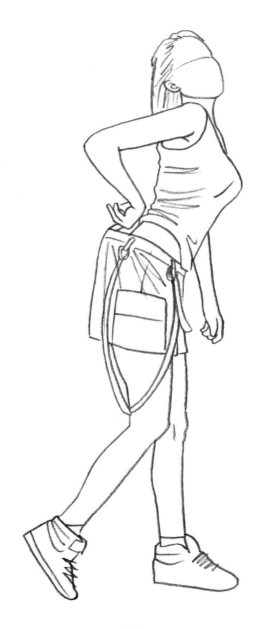

Shading can be represented by a darker tone, an additional color or with neutral tones such as gray, brown or blue. In this case, a faded blue has been used.

Les ombres peuvent être représentées par un ton plus foncé, une couleur complémentaire ou avec des tons neutres comme le gris, le marron ou le bleu. Dans ce cas précis, nous avons utilisé un bleu assez dilué.

Die Schatten können mit einem dunkleren Ton, einem ergänzenden Ton oder mit neutralen Tönen wie Grau, Braun oder Blau dargestellt werden. In diesem Fall wurde ein ziemlich wässriges Blau verwendet.

Schaduwen kunnen worden weergegeven met een donkerdere tint, een aanvullende kleur of neutrale tinten zoals grijs, bruin of blauw. In dit geval is gebruik gemaakt van waterig blauw.

Sweat et maillot surfer // Sweatshirt und Surferbadehose // Sweatshirt en surfzwembroek

The patterns of the fabric are not uniformly represented. The lighter parts of the fabric are left practically white, while on the darker areas the pattern is more intense.

Les motifs du tissu ne doivent pas être représentés de manière uniforme. Au niveau des parties les plus éclairées, on laisse le tissu pratiquement blanc, alors que sur les zones foncées, le motif est plus serré.

Die Stoffmuster werden nicht einheitlich dargestellt. An den hellsten Stellen wird der Stoff fast weiß belassen, während das Muster an den dunkelsten Stellen dichter gezeichnet werden muss.

De opdruk van de stof wordt niet op gelijkmatige wijze weergegeven. In de lichtere gedeeltes kan de stof praktisch wit worden gelaten, terwijl in de donkere gedeeltes de opdruk dikker moet worden getekend.

Robe courte avec ceinture // Kurzes Kleid mit Schärpe // Korte jurk met band

In any position, the majority of the pleats are around the waist, even more so if, as in this case, the garment is wide. We will focus the shading around that area.

Dans n'importe quelle position, la majorité des plis se forme autour de la ceinture, et plus encore si elle est large, comme c'est ici le cas. Nous situerons ici la majeure partie des ombres.

In allen Stellungen entstehen die meisten Falten um den Gürtel herum, vor allem wenn er – wie in diesem Fall – breit ist. Dorthin müssen die meisten Schatten gelegt werden.

In een willekeurige pose vormen de plooien zich rond de ceintuur, vooral als deze, zoals in dit geval, breed is. Daar komt het grootste gedeelte van de schaduw te liggen.

Débardeur et jupe à volants taille haute // Trägertop und hoher Rüschenrock //
Top met schouderbandjes en hoge strokenrok

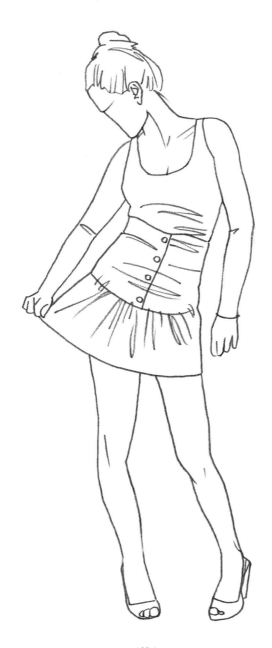

The area where the pleats form from the flounces of the skirt is not entirely colored – areas representing the sheen of the fabric are left white and the creases are shaded a darker tone, achieving a powerful effect.

Les parties où se forment les plis provoqués par les volants de la jupe ne se colorient pas complètement. En effet, on laisse des zones en blanc qui représentent les zones de brillance et on fonce les plis, obtenant ainsi une puissante illustration.

Wo durch die Rüschen Falten entstehen, wird nicht vollständig mit Farben ausgemalt, sondern man lässt weiße Flächen. Sie stellen die hellsten Bereiche dar. Die Falten müssen gut verdunkelt werden, damit eine ausdrucksvolle Illustration entsteht.

Delen waar zich plooien vormen, die veroorzaakt worden door de stroken van de rok, worden niet helemaal ingekleurd. De plekken waar het meeste licht op valt worden wit gelaten. De plooien moeten vrij donker zijn, zodat de tekening kracht krijgt.

Robe à volants //Rüschenkleid // Strokenjurk

Although the garment is the main focus, it is important to illustrate areas of shine and shade in the hair when coloring. It will give the figure life so it is not seen as a two-dimensional sketch.

Même si c'est la robe que l'on veut montrer, il est important de représenter les brillances et les ombres des cheveux au moment de colorier. Cela apportera de la vie au dessin et ainsi nous ne le verrons pas comme une illustration plate.

Obwohl das Kleidungsstück dargestellt werden soll, ist es wichtig, beim Ausmalen Glanz und Schatten in den Haaren zu zeigen. Dadurch wird die Figur lebendiger und sieht nicht wie eine flache Illustration aus.

Hoewel het kledingstuk datgene is wat moet worden getoond, is het belangrijk om bij het inkleuren ook de lichtval en schaduw op het haar weer te geven. Dat maakt de modetekening levendig en voorkomt dat het een vlakke illustratie wordt.

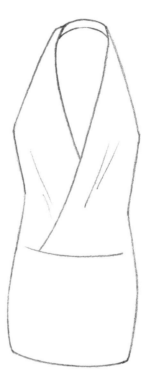

Robe courte avec décolleté dans le dos // Kurzes Kleid mit Rückenausschnitt // Korte jurk met rugdecolleté

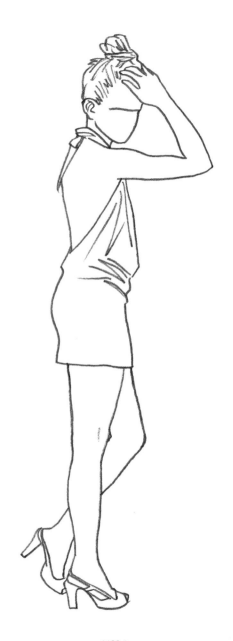

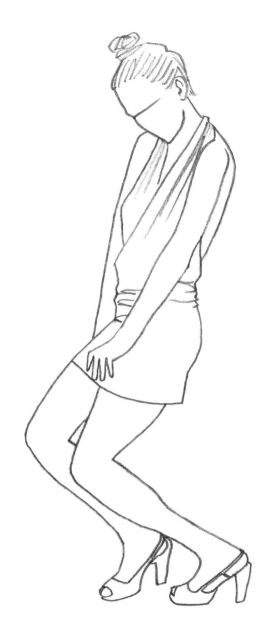

When we use watercolors, we will leave white areas to highlight zones with more light. This is not only the case for the clothing; it will also apply to the hair and the skin where shades will be created by the garments.

Lorsque l'on coloriera à l'aquarelle, on laissera des espaces en blanc afin d'indiquer les zones les plus éclairées. On ne le fera pas seulement sur le vêtement, mais aussi sur les cheveux et sur la peau, où se génèrent des ombres créées par les vêtements.

Beim Ausmalen mit Aquarellfarben müssen Bereiche weiß belassen werden, um die hellsten Stellen zu zeigen. Das gilt nicht nur für das Kleidungsstück, sondern auch für Haare und Haut, wo durch die Kleidungsstücke Schatten entstehen.

Bij het verven met aquarel moeten de gedeeltes waarop het meeste licht valt wit worden gelaten. Dit geldt niet alleen voor de kleding, maar ook voor het haar en de huid waarop de kleding schaduwen werpt.

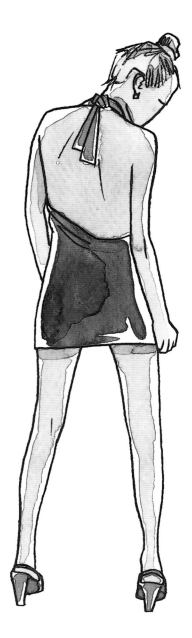

Robe avec dentelle // Kleid mit Spitze // Jurk met kant

Shading in white garments is represented by gray tones. If the garment is a very pure white, a light gray will be chosen, whereas if the white is more opaque, a darker shade of gray will be used.

Sur les vêtements blancs, les ombres seront représentées en gris. Si le vêtement est d'un blanc très pur, on optera pour un gris très peu saturé, tandis que s'il s'agit d'un blanc plus opaque, le ton de gris sera plus foncé.

Bei weißen Kleidungsstücken werden die Schatten in grauer Farbe dargestellt. Ist das Kleidungsstück reinweiß, wählt man ein gering gesättigtes Grau. Bei opakerem Weiß muss der Grauton verdunkelt werden.

Op witte kleding wordt de schaduw weergegeven door de kleur grijs. Als het kledingstuk heel wit is, dient te worden gekozen voor heel licht grijs, terwijl bij mat wit een donkerdere kleur grijs gebruikt wordt.

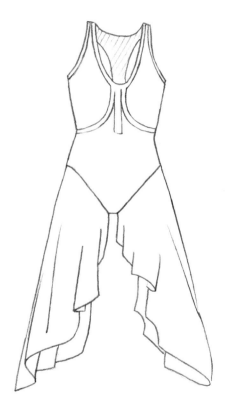

Maillot de bain fantaisie // Bunter Badeanzug // Fantasiebadpak

Watercolor patterns on silks do not have to be true to detail. In this case, initially a layer of water without color has been applied to the surface of the skirt and then a few drops of color are added to create the shade.

Les motifs sur soie faits à l'aquarelle ne prétendent pas être fidèles au détail. Dans ce cas précis, nous avons d'abord appliqué une couche d'eau sans couleur sur la surface de la jupe afin d'y ajouter ensuite quelques gouttes de couleur qui s'estompent toutes seules.

Mit Aquarellfarbe ausgemalte Seidenmuster müssen nicht detailgenau wiedergegeben werden. Hier wurde die Rockfläche zuerst mit einer Schicht farblosem Wasser gemalt, um anschließend einige Farbtropfen, die von alleine verlaufen, hinzuzufügen.

De zijden opdruk, ingekleurd met aquarel, hoeft niet in detail overeen te komen. In dit geval is eerst een laag kleurloos water op het oppervlak van de jurk aangebracht en zijn vervolgens druppels met kleur toegevoegd, die dan vanzelf vervagen.

Robe de plage // Strandkleid // Strandjurk

To give shade to a model, several colors can be used – depending on the number of colors used in the garments – or a neutral color chosen that goes well with all of them, as in this case, where the same faded blue from the sandals has been used.

Afin de réaliser les ombres d'un dessin on peut utiliser plusieurs couleurs – en fonction du nombre de couleurs des vêtements – ou choisir une couleur neutre qui se combine bien avec toutes les autres, comme dans ce cas, où nous avons utilisé le même bleu des sandales, très dilué.

Um Schatten einer Modepuppe darzustellen, kann man verschiedene Farben – entsprechend der Farbzahl der Kleidungsstücke – oder eine neutrale Farbe verwenden, die gut zu allen passt. Hier wurde das Blau der Sandalen in verwässertem Ton verwendet.

Om een modetekening te arceren kunnen verschillende kleuren worden gebruikt (afhankelijk van hoeveel kleuren de kleding heeft), ofwel een neutrale kleur die met alle andere combineert. Zo heeft men hier hetzelfde lichtblauw als de sandalen gebruikt.

Robe années 50 // 50er-Jahre-Kleid // Jaren 50-jurk

When coloring the model we must take into account and represent areas of the garment that move. For example, the garment's shading will always follow the direction of the fabric.

Lorsque l'on représente des positions où le vêtement est en mouvement, il faut en tenir compte au moment de colorier la figurine. Par exemple, les ombres des vêtements devront toujours suivre la direction du tissu.

Werden Positionen dargestellt, in denen das Kleidungsstück in Bewegung ist, muss die Bewegung beim Ausmalen der Modepuppe beachtet werden. Die Schatten der Kleidungsstücke müssen z. B. immer der Stoffrichtung folgen.

Bij het kleuren van de modetekening moet rekening worden gehouden met het weergeven van poses die de kleding doen bewegen. Zo lopen de schaduwen van de kleding altijd in de richting van de stof.

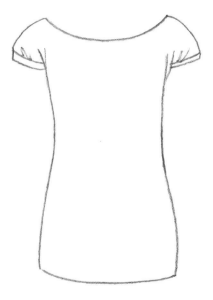

Robe à manches courtes // Kurzarmkleid // Jurk met korte mouw

Care should be taken when using watercolors as once the color is applied to paper it spreads. Details such as the frayed edge of the fabric will be defined using a felt tip pen.

Il faut faire très attention lorsqu'on colorie à l'aquarelle, car une fois la couleur appliquée sur le papier, elle s'étale. Les détails comme la frange du foulard devront être définis au feutre.

Beim Ausmalen mit Aquarellfarben muss man sehr vorsichtig sein, da die Farbe nach dem Auftragen auf das Papier verläuft. Details wie die Kopftuchfransen werden mit Farbstift definiert.

Bij het kleuren met aquarel moet men voorzichtig te werk gaan, aangezien de kleur zich verspreidt als hij eenmaal op het papier is aangebracht. Details zoals de franjes van de sjaal, moeten met een viltstift worden omlijnd.

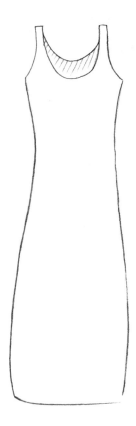

Robe élastique // Stretchkleid // Jurk van rekbare stof

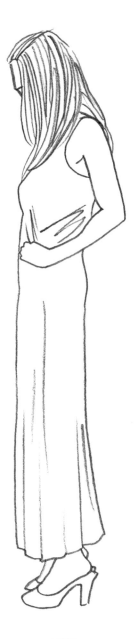

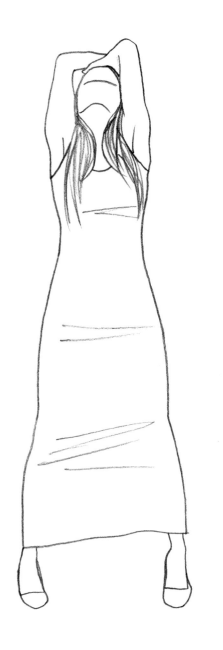

As this is a stretch dress, there is a major difference between the extended shape and the shape of the sketched model.
When coloring, this can be reflected in the quantity of creases and consequently the shading of the fabric.

Comme il s'agit d'un vêtement élastique, il existe une grande différence entre une position étendue ou voûtée de la figurine. Au moment de colorier, cela devra se refléter dans la quantité de plis et donc de zones d'ombres qui se créent sur le tissu.

Bei elastischen Kleidungsstücken besteht ein großer Unterschied zwischen einer gedehnten und einer gebeugten Stellung der Modepuppe. Beim Ausmalen wird es anhand der Anzahl der Falten, d. h. der Schatten, die auf dem Stoff entstehen, dargestellt.

Aangezien het gaat om een kledingstuk van zeer rekbare stof, is er een groot verschil tussen een 'gestrekte' of een gebogen pose. Bij het inkleuren worden de vouwen en dus de schaduwen die in de stof ontstaan weergegeven.

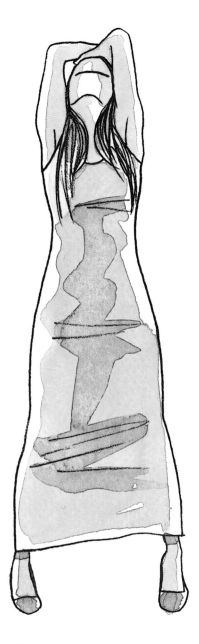

Débardeur et pantalon taille haute pattes d'éléphant // Trägertop und hohe Hose mit ausgestellten Hosenbeinen // Top met schouderbandjes en hoge broek met olifantspijpen

Before coloring, it is advisable to identify where the light will come from in the sketch. This will help determine the areas that should not be colored, before proceeding to paint the remaining areas.

Avant de commencer à colorer, il convient de définir d'où viendra la lumière dans cette illustration. Nous déterminerons ainsi les zones à ne pas colorer, pour ensuite colorer tout le reste.

Bevor man mit dem Ausmalen beginnt, sollte festgelegt werden, woher das Licht auf der Illustration kommt. Damit werden die Bereiche, die nicht ausgemalt werden, festgelegt, um anschließend den Rest zu zeichnen.

Alvorens te beginnen met inkleuren is het raadzaam om te bepalen waar het licht vandaan komt op de illustratie. Op die manier wordt bepaald welke gedeeltes wit blijven, om vervolgens de rest in te kleuren.

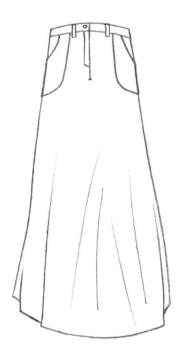

Top et jupe longue avec poches // Top und langer Rock mit Taschen // Top en lange rok met zakken

In this case, the skirt is white, with a light gray and faded violet being used to form the shaded areas – the same shades used for the top and the hat-unifying the outfit.

Dans ce cas, où la jupe est blanche, on a décidé de faire les ombres en combinant subtilement un gris clair avec un violet très dilué – le même que celui du top et du chapeau – unifiant ainsi la composition.

Bei diesem weißen Rock hat man sich dafür entschieden, die Schatten mit einer subtilen Kombination aus Hellgrau und sehr wässrigem Violett darzustellen, genau wie bei Top und Hut. Auf diese Art wird die Zusammenstellung vereinheitlicht.

Voor deze witte rok is besloten om te arceren door op subtiele wijze een lichtgrijze tint te combineren met een waterig violet – dezelfde als die voor de top en de hoed wordt gebruikt. Op die manier wordt de compositie tot een geheel gemaakt.

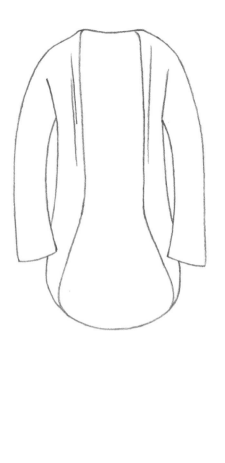

Veste en tricot et collants // Strickjacke und Leggings // Tricot vest met legging

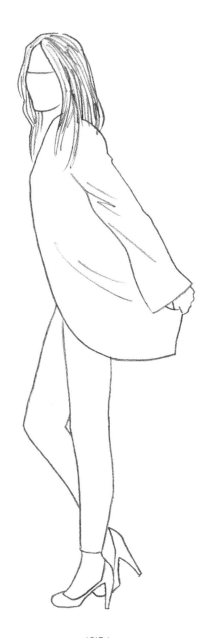

When coloring a surface, in particular
if watercolors have been used, it is
not necessary to fill it out perfectly.
Imperfections create an artistic effect
and a sense of increased light.

Lorsque l'on colore une surface,
surtout si l'on travaille à l'aquarelle,
il n'est pas nécessaire de la remplir
complètement. Les imperfections
créent un effet artistique et une
sensation de plus grande luminosité.

Eine Fläche muss – insbesondere
wenn man mit Aquarellfarben
arbeitet – nicht perfekt ausgemalt
werden. Kleine Unvollkommenheiten
erzeugen eine künstlerische Wirkung
und erwecken den Eindruck von mehr
Helligkeit.

Bij het kleuren van het oppervlak
is het, vooral als met aquarel
wordt gewerkt, niet nodig om
deze helemaal perfect in te vullen.
Onregelmatigheden geven een
kunstzinnig effect en doet het geheel
lichter lijken.

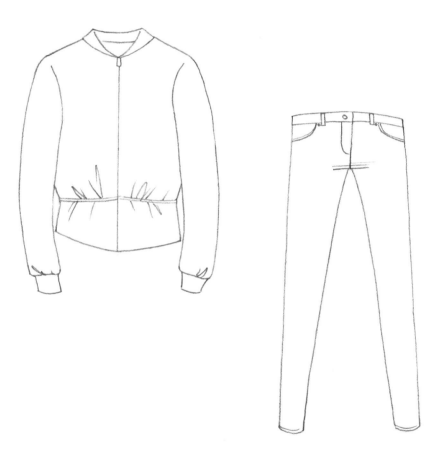

Blouson streetwear et jean // *Streetwear*-Jacke und Jeans // *Streetwear* windjack en spijkerbroek

The washed-out effect of the jeans is achieved using two-tones of the same color, one darker and one lighter. First the lighter color is applied and when it is still damp, the darker color is applied.

L'effet délavé du jean s'obtient en utilisant deux tonalités d'une même couleur, une plus foncée et une autre plus claire. On applique d'abord la plus claire et, avant qu'elle ne sèche, on applique la plus foncée.

Der verwaschene Eindruck der Jeanshose entsteht durch die Verwendung einer helleren und einer dunkleren Abstufung der gleichen Farbe. Zuerst wird die hellere Nuance aufgetragen. Wenn sie noch feucht ist, wird anschließend die dunklere aufgetragen.

Het gewassen effect van de spijkerbroek wordt bereikt door twee tinten van dezelfde kleur te gebruiken; een donkere en een lichtere. Eerst wordt de lichte kleur aangebracht en vervolgens, terwijl het nog vochtig is, de donkere kleur.

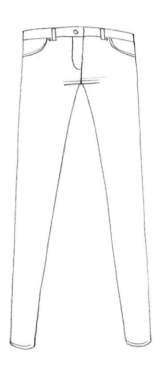

Veste courte en coton et jean // Kurze Baumwolljacke und Jeans // Kort katoenen jasje en spijkerbroek

In this case, the jeans are black not blue. To achieve the stone washed effect the same technique is used: we apply two tones of gray, one darker and one lighter.

Dans ce cas, le jean n'est pas bleu mais noir. Afin d'obtenir l'effet délavé à la pierre, on utilise la même technique : on applique deux tonalités de gris, une plus foncée que l'autre.

In diesem Fall ist die Jeanshose nicht blau, sondern schwarz. Um die stonewashed-Wirkung zu erreichen, wird die gleiche Technik eingesetzt: zwei Grautöne, und zwar einer heller als der andere.

In dit geval is de kleur van de spijkerbroek niet blauw, maar zwart. Om het stonewashed effect te bereiken wordt dezelfde techniek gebruikt: twee tinten grijs waarvan de ene donkerder is dan de andere.

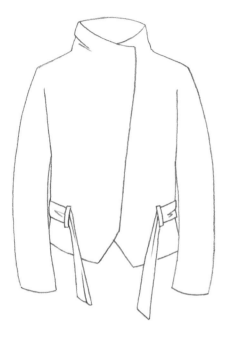

Veste courte et collants // Kurze Jacke und Leggings // Kort jasje en legging

The watercolor technique is applied in two layers, achieving different tones of the same color. We must be very careful when applying them, making sure that no area is too dark and that no marks from the paintbrush can be seen.

L'aquarelle s'applique par couches, ce qui permet d'obtenir différentes tonalités d'une même couleur. Il faut être très soigneux en les appliquant et faire attention à ce qu'aucune zone ne soit trop foncée et à ce qu'on ne voie pas non plus les marques du pinceau.

Die Aquarelltechnik wird schichtweise aufgetragen, wodurch verschiedene Abstufungen der gleichen Farbe entstehen. Beim Auftragen muss man sehr vorsichtig sein, damit kein Bereich zu dunkel wird oder Pinselstriche sichtbar sind.

De aquareltechniek werkt met meerdere lagen. Zo krijgt men verschillende tinten van dezelfde kleur. Bij het aanbrengen is voorzichtigheid geboden. Men moet erop letten dat het nergens te donker wordt en dat de penseelstreken niet te zien zijn.

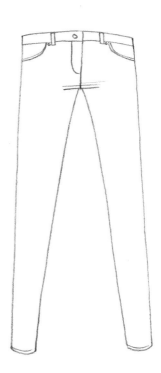

Manteau militaire et jean // Militärmantel und Jeans // Legerjas en spijkerbroek

The military coat has an opaque, thick fabric that barely reflects the light. To sketch it, its surface has been colored almost in its entirety, leaving very few completely white areas.

Le tissu épais et opaque du manteau militaire reflète à peine la lumière. Afin de le représenter, on a colorié sa surface presque entièrement en laissant peu de zones toutes blanches.

Der Militärmantel ist aus dickem, undurchsichtigem Stoff, der kaum Licht reflektiert. Bei der Darstellung wurde seine Fläche fast ganz ausgemalt und nur wenige Bereiche wurden ganz weiß belassen.

Een legerjas is gemaakt van dikke, ondoorzichtige stof, die nauwelijks licht teruggekaatst. Om die stof weer te geven moet het oppervlak bijna helemaal worden ingekleurd en mogen slechts weinig zones volledig witgelaten worden.

Veste polyester // Polyesterblazer // Polyester colbert

In garments like this blazer, which are greatly affected by movement, first the base is colored, leaving white areas for zones of more sheen, and then the pleated areas are carefully analyzed to determine which zones are going to be made darker.

Dans des positions comme celle-ci où les vêtements sont très affectés par le mouvement, on colorie d'abord la base, en laissant toujours des espaces blancs pour la brillance, puis on analyse soigneusement les zones de plis à foncer.

Bei Positionen, in denen die Kleidungsstücke sehr von der Bewegung betroffen sind, wird zuerst die Unterschicht ausgemalt. Für den Glanz müssen immer weiße Stellen gelassen werden. Anschließend wird geprüft, welche Faltenbereiche verdunkelt werden.

Bij poses zoals deze, waarin het effect van de beweging op de kleding groot is, wordt eerst de basis gekleurd, waarbij gedeeltes waar het licht op valt wit moeten worden gelaten. Vervolgens wordt gekeken waar de plooien donker moet worden gemaakt.

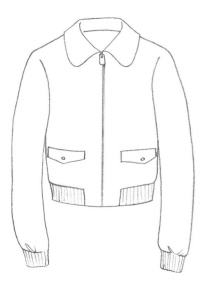

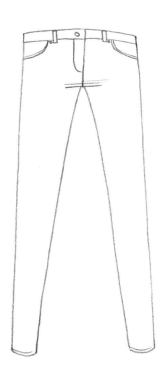

Veste en cuir et jean slim // Lederjacke und Röhrenjeans // Leren jas en skinny spijkerbroek

These sketches have been made
realistic by detail with a felt tip pen,
such as the hair or the waistband of
the jacket and the correct application
of shading that helps to create depth.

Le réalisme de ces illustrations a
été obtenu avec les détails au feutre
comme, par exemple, les cheveux ou la
ceinture de la veste, mais aussi grâce
à la bonne application des ombres qui
aident à donner de la profondeur.

Der Realismus dieser Illustrationen
ist anhand Details mit Farbstift – wie
am Haar oder am Jackenbund – sowie
der richtigen Schattenanwendung, die
Tiefe bewirkt, entstanden.

In deze illustraties is het realisme
bereikt door middel van details met
viltstift, zoals het haar of de tailleband
van het jasje, en de juiste toepassing
van de schaduwen, die zorgen voor
diepte.

MALES:
ATTITUDE AND LANGUAGE

HOMMES:
ATTITUDE ET LANGAGE

MÄNNER:
HALTUNG UND SPRACHE

MANNEN:
HOUDING EN TAAL

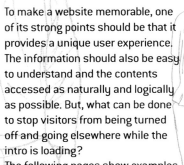

To make a website memorable, one of its strong points should be that it provides a unique user experience. The information should also be easy to understand and the contents accessed as naturally and logically as possible. But, what can be done to stop visitors from being turned off and going elsewhere while the intro is loading?
The following pages show examples of how the first impression created by color and the use of different web applications the key to holding attention. Full screen viewing recommended!

Le mannequin masculin possède une théâtralité moindre mais, bien que sa panoplie de poses par rapport au mannequin féminin soit limitée, il reste néanmoins un vaste sujet. Il est tout simplement différent. On peut avancer que les poses masculines font appel à un autre langage corporel, pour lesquelles la gestuelle, l'attitude et bien d'autres facteurs jouent un rôle important.
Ce chapitre aborde le sujet des poses avec des vêtements d'été, de sport, de sport d'hiver, de ville et de soirée, pour donner vie au jeune homme actuel.

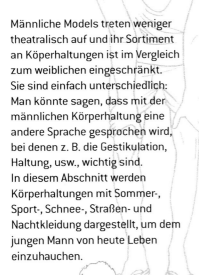

Männliche Models treten weniger theatralisch auf und ihr Sortiment an Köperhaltungen ist im Vergleich zum weiblichen eingeschränkt. Sie sind einfach unterschiedlich: Man könnte sagen, dass mit der männlichen Körperhaltung eine andere Sprache gesprochen wird, bei denen z. B. die Gestikulation, Haltung, usw., wichtig sind.

In diesem Abschnitt werden Körperhaltungen mit Sommer-, Sport-, Schnee-, Straßen- und Nachtkleidung dargestellt, um dem jungen Mann von heute Leben einzuhauchen.

Het mannelijke model heeft minder theatraliteit en zijn scala van poses is, vergeleken met die van het vrouwelijke model, beperkt maar toch heel uitgebreid. Ze zijn eenvoudigweg verschillend; we zouden kunnen zeggen dat er in de mannelijke poses een andere lichaamstaal wordt gesproken waarin bijvoorbeeld de taal van de handen, lichaamshouding etc., belangrijk zijn.

In dit onderdeel zien we poses met zomerkleding, (winter)sportkleding, vrijetijds- en avondkleding, waarmee de jonge man van tegenwoordig tot leven komt.

Débardeur et short // Trägerhemd und Shorts // Mouwloos shirt en shorts

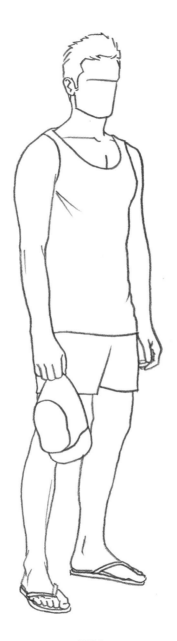

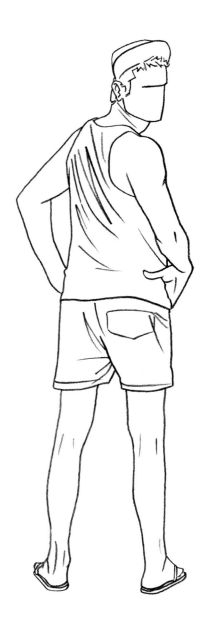

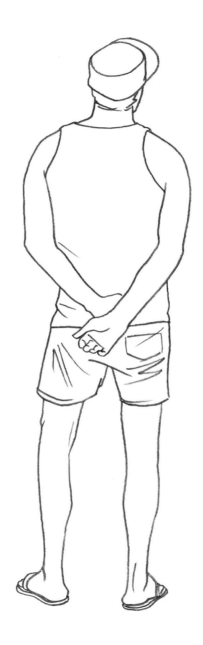

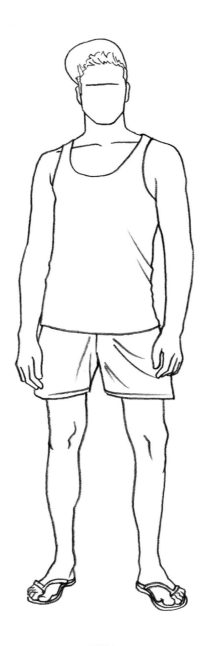

In this type of sketch, white garments must be colored so they do not appear two-dimensional and contrast with the other elements. In this case, the shading has been painted a subtle shade of gray because of the fabric of the T-shirt.

Dans ce type d'illustrations, les vêtements blancs doivent être coloriés d'une façon ou d'une autre pour leur donner du volume et créer un contraste avec les éléments restants. Dans ce cas précis, du fait du tissu du t-shirt, on a dessiné ses ombres dans un ton doux de gris.

Bei Illustrationen dieser Art müssen weiße Kleidungsstücke farbig ausgemalt werden, damit sie sich von den übrigen Elementen abheben und nicht flach erscheinen. Hier wurden die Schatten des Hemds aufgrund seines Stoffs in einem hellen Grauton gemalt.

In dit soort illustraties moeten witte kledingstukken op de een of andere manier worden gekleurd, zodat ze niet vlak lijken en contrasteren met de overige elementen. Voor de schaduw is een zachte grijstint gebruikt, vanwege de stof van het shirt.

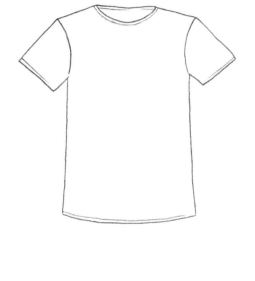

T-shirt à manches courtes et bermuda cargo // Kurzarm-Shirt und Cargo-Bermudas // T-shirt en cargo bermuda

The Bermuda shorts are made of denim. Two tones of blue are used to illustrate them. When coloring, so as not to paint everything the same, it is important to take the pockets into account, along with their volume.

Le bermuda est en jean, nous pouvons donc le représenter avec deux tonalités de bleu. Il est important au moment de colorier, de tenir compte des poches et de leur volume, afin de ne pas tout colorier pareil.

Die Bermudas sind aus Jeansstoff, so dass zwei Blautöne zur Darstellung kombiniert werden. Beim Ausmalen ist es wichtig, die Hosentaschen und deren Volumen zu beachten, um nicht alles gleich auszumalen.

De bermuda is van spijkerstof. Om die weer te geven worden er twee tinten blauw gecombineerd. Bij het inkleuren is het, om niet alles effen te verven, belangrijk rekening te houden met de zakken en het volume.

Polo sport et pantalon de tennis // Sportpoloshirt und Tennishose // Poloshirt en tennisbroek

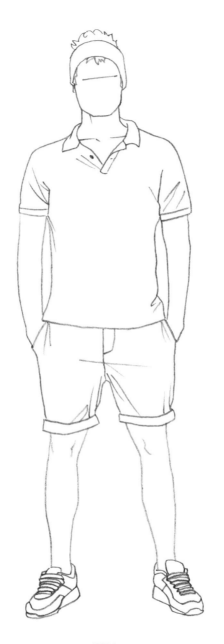

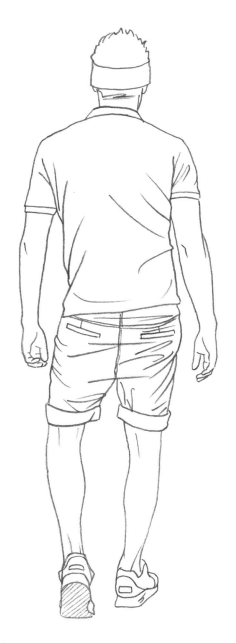

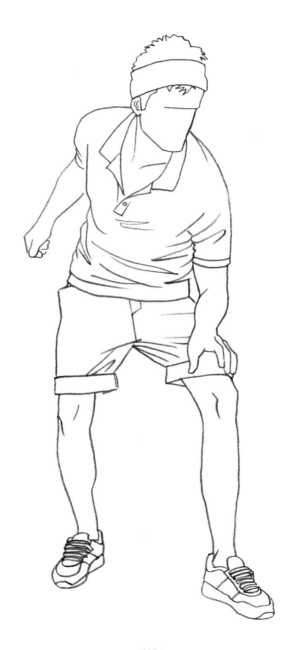

One of the advantages of watercolor is that with one color, different tones can be created, enabling an entire model to be colored without appearing to be totally monochromatic. It all depends on the amount of water used to dilute the color.

Un des avantages de l'aquarelle, c'est qu'avec une seule couleur on obtient différentes tonalités, ce qui permet de colorier un dessin complet sans qu'il paraisse totalement monochromatique. Tout dépendra de la quantité d'eau avec laquelle on dilue la couleur.

Einer der Vorteile der Aquarelle ist, dass mit nur einer Farbe verschiedene Abtönungen entstehen. So kann eine komplette Modepuppe ausgemalt werden, ohne völlig einfarbig auszusehen. Der Ton hängt nur von der Wassermenge ab, mit der verdünnt wird.

Een voordeel van aquarel is dat van één kleur verschillende tinten kunnen worden gebruikt. Een modetekening kan helemaal worden ingekleurd, zonder dat deze er monochroom uit ziet. Alles hangt af van de hoeveelheid water waarmee de verf verdund wordt.

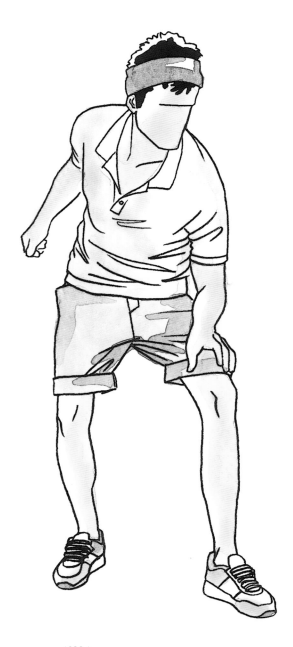

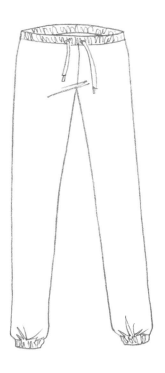

Survêtement // Jogginganzug // Joggingpak

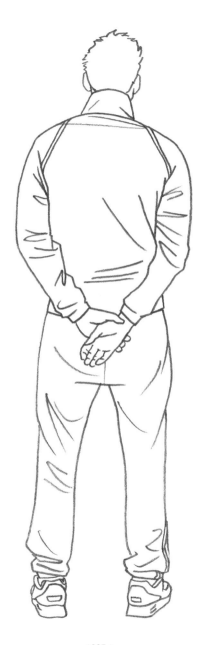

Although this fabric does not normally shine, the fact that the light falls heavily on it creates illuminated areas, which are the areas left totally white.

Il s'agit d'un tissu qui a très peu de brillance, mais le fait que la lumière tombe fortement dessus permet d'éclairer certaines zones, que nous laisserons totalement blanches.

Obwohl es sich um einen fast glanzlosen Stoff handelt, führt der starke Lichteinfall darauf dazu, dass bestimmte Bereiche stark beleuchtet sind. Diese werden ganz weiß belassen.

Hoewel het hier gaat om een stof die nauwelijks glimt, zorgt de sterke lichtval ervoor dat sommige gedeeltes erg licht zijn. Die kunnen helemaal wit worden gelaten.

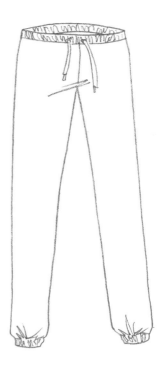

Sweat à capuche et pantalon de survêtement // Kapuzen-Sweatshirt und Jogginghose // Sweatshirt met capuchon en joggingbroek

Each fabric absorbs the light in a different way, reflecting its areas of sheen and shade. In this case, the tracksuit fabric produces rather dark shades, therefore the color has not been watered-down much and the brushstrokes can be visualized.

Chaque tissu absorbe la lumière de façon différente et celle-ci se reflète dans les ombres et brillances. Dans ce cas précis, le tissu du survêtement crée des ombres assez foncées, c'est pourquoi la couleur a été peu diluée et les coups de pinceau sont plus visibles.

Jeder Stoff absorbiert Licht auf andere Art, was sich am Glanz und Schatten zeigt. Hier erzeugt der Stoff des Jogginganzugs recht dunkle Schatten. Daher wurde die Farbe mit wenig Wasser verwendet, wodurch auch die Pinselstriche besser sichtbar sind.

Elke stof absorbeert het licht op een andere manier, wat te zien is aan de licht- en schaduwplekken. In dit geval maakt de joggingstof vrij donkere schaduwen. De kleur is dan maar heel weinig verdund en de penseelstreken zijn duidelijker zichtbaar.

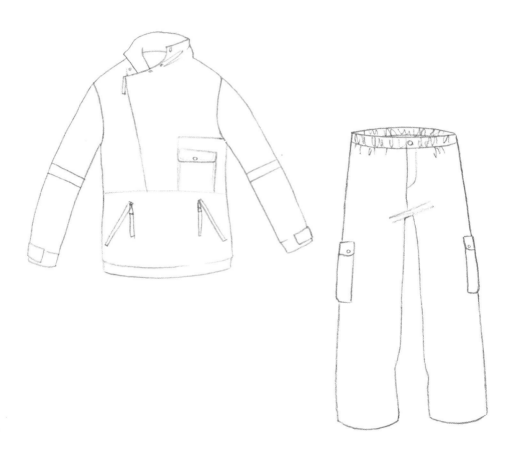

Ensemble neige veste et pantalon // Schneeanzug aus Jacke und Hose // Skipak, bestaande uit jas en broek

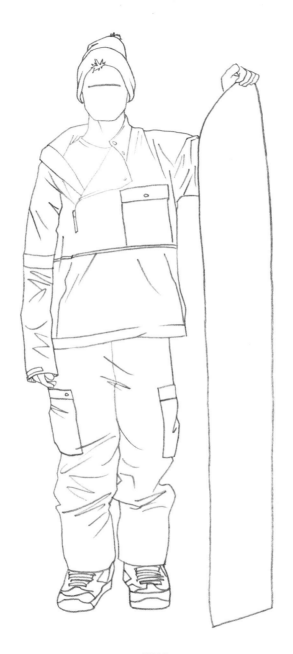

When coloring with watercolors and using different colors it is important to be dynamic to achieve a good result. The water dries quickly while it is getting to work, preventing the colors from mixing.

Si l'on peint à l'aquarelle et que l'on utilise plusieurs couleurs, il est important d'aller vite pour obtenir un bon résultat. En effet, l'eau sèche rapidement pendant que l'on travaille et empêche les couleurs de se mélanger.

Beim Ausmalen mit Aquarellfarben und beim Verwenden verschiedener Farbtöne muss man schnell sein, um ein gutes Ergebnis zu erzielen. Das Wasser trocknet beim Arbeiten schnell und verhindert dann, dass sich die Farben vermischen.

Bij het kleuren met aquarel en het gebruik van verschillende kleuren moet men behendig zijn voor een goed resultaat. Het water droogt tijdens het werken snel op, waardoor de kleuren zich niet kunnen vermengen.

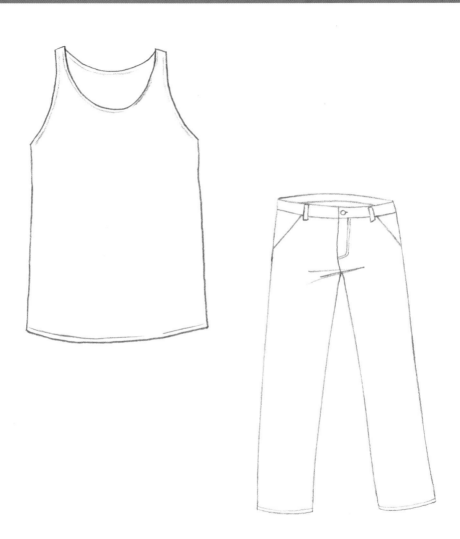

Débardeur et jean large // Trägerhemd und weite Jeans // T-shirt met schouderbandjes en wijde spijkerbroek

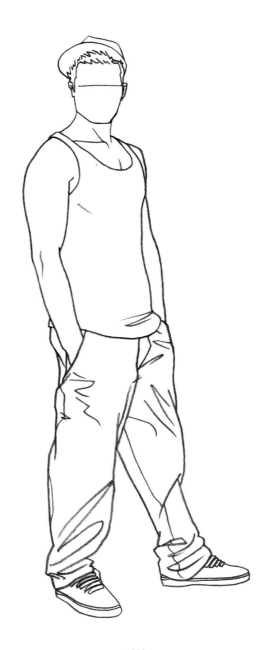

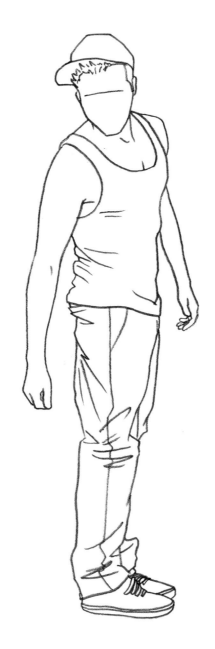

The volume of the model must represent the entire surface area, both in the garments (what stands out most in fashion sketches), and in the body. The lights will help to define the muscles of the model more specifically.

Le volume de la figurine doit être représenté sur toute sa surface, aussi bien sur les vêtements (le plus important dans l'illustration de mode) que sur le corps. Les lumières aideront à définir avec une plus grande précision les muscles de la figurine.

Das Volumen der Modepuppe muss ganzflächig bei den Kleidungsstücken (das Wichtigste bei einer Modezeichnung) wie auch beim Körper dargestellt werden. Anhand der Lichter können die Muskeln der Modepuppe genauer definiert werden.

Het volume van de modetekening moet over het hele oppervlak worden weergegeven, zowel in de kleding (het belangrijkste bij mode-illustraties), als in het lichaam. Het licht helpt mee om de spieren van het model duidelijker aan te geven.

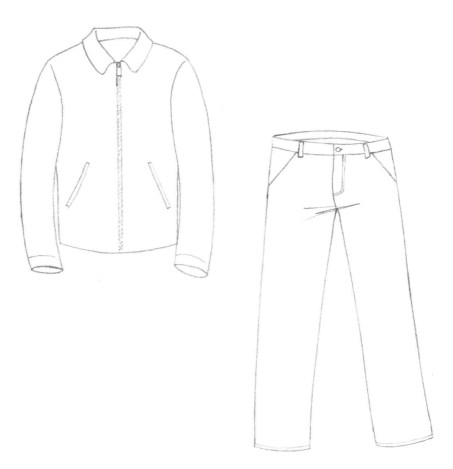

Veste *blue collar* et jean large // Jacke und weite Jeanshose // Blue collar jasje en wijde spijkerbroek

To illustrate the basic shades of a garment, using a paintbrush, simply follow the creases that have been previously drawn in with a felt tip pen, as can be seen particularly on the jacket.

Pour représenter les ombres de base d'un vêtement, il suffit tout simplement de suivre avec le pinceau les plis qui ont été dessinés préalablement au feutre, comme on peut le voir ici surtout sur la veste.

Um die grundlegenden Schatten eines Kleidungsstücks darzustellen, muss man nur mit dem Pinsel den Falten folgen, die vorher mit dem Farbstift gemalt wurden. Hier ist dies hauptsächlich an der Jacke ersichtlich.

Om de basisschaduw van een kledingstuk weer te geven, moet men simpelweg met een penseel de plooien volgen die eerst met een viltstift zijn getekend, zoals met name te zien is op de jas.

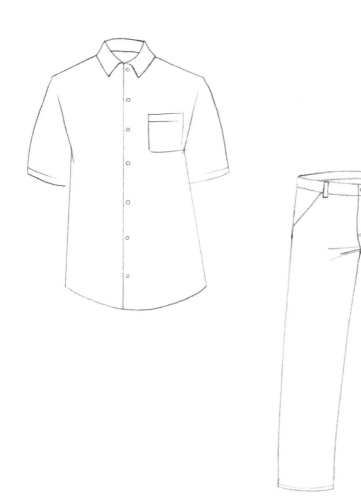

Chemise manches courtes à motifs et jean // Gemustertes Kurzarmhemd und Jeans //
T-shirt met opdruk met korte mouw en spijkerbroek

Once the pattern has been drawn with a fine paintbrush, a fine glaze of color is applied without blurring the first layer. In this way, a greater sensation of integration in the fabric is obtained than if it is done the other way round.

Une fois le motif dessiné au pinceau fin, on applique une fine couche de couleur sans effacer celui-ci. La sensation d'intégration dans le tissu est ainsi plus importante que si l'on avait procédé à l'envers.

Nachdem das Muster mit einem dünnen Pinsel gezeichnet ist, wird ein feiner Hauch Farbe aufgetragen, ohne das erste Muster zu verwischen. Auf diese Art entsteht ein stärkerer Integrationseindruck auf dem Stoff als umgekehrt.

Als de opdruk eenmaal met een fijn penseel is getekend, wordt een fijne kleurensluier toegepast, zonder de eerste te laten vervagen. Op die manier lijkt het alsof deze meer in de stof is geïntegreerd dan wanneer het omgekeerd zou worden gedaan.

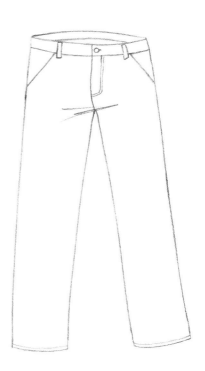

Pull-over et jean // Pullover und Jeans // Trui en spijkerbroek

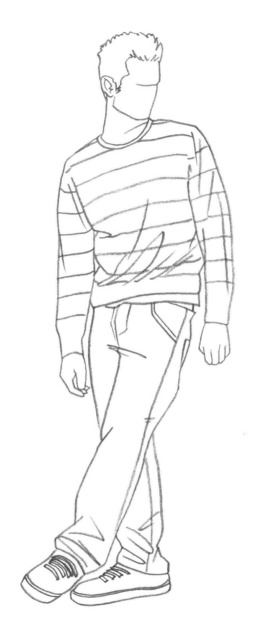

Watercolors can also be a good resource to synthesize the color and simply give a rough idea of what it should represent. It is important to work with quick strokes so that the brushstrokes are not noticed.

L'aquarelle peut également être un bon moyen pour synthétiser la couleur et donner simplement une idée approximative de ce que l'on veut représenter. Il est important de donner des coups de pinceau rapides afin qu'ils ne se voient pas.

Das Aquarell kann auch ein gutes Mittel sein, um die Farbe zu synthetisieren und nur eine ungefähre Vorstellung von dem zu geben, was dargestellt werden soll. Man muss mit schnellen Zügen arbeiten, damit die Pinselstriche nicht sichtbar sind.

Aquarel kan ook een goede manier zijn om de kleur 'samen te vatten' en simpelweg een vage voorstelling te maken van wat men wil weergeven. Het is belangrijk om met snelle halen te werken, zodat de penseelstreken niet opvallen.

Pull-over en tricot et jean // Strickpullover und Jeans // Tricot trui en spijkerbroek

Although the details have not been marked with the felt tip pen, the ribbed neck and cuff areas must be colored darker than the rest of the garment so as to distinguish between the various different finishes.

Bien que les détails n'aient pas été marqués au feutre, les zones du cou et du bas des manches en côtes doivent être plus foncées que le reste du vêtement afin de distinguer les différentes finitions.

Obwohl die Details nicht mit Farbstift gekennzeichnet wurden, müssen die Bereiche am Hals und die Bündchen dunkler als der Rest des Kleidungsstücks gezeichnet werden, um die einzelnen Ausführungen zu unterscheiden.

Hoewel de details niet met viltstift zijn aangegeven, moeten de geribbelde hals en boorden donkerder worden gekleurd dan de overige gedeeltes van het kledingstuk, om de verschillende afwerkingen van elkaar te onderscheiden.

Veste coupe-vent polyester et jean // Windfeste Polyesterjacke und Jeans //
Polyester windjack en spijkerbroek

When the inside of the garment can be seen because of the position of the model, it must be colored a darker tone than the rest. In the figure on the right the color has been intensified with a felt tip pen.

Lorsqu'une figurine est dessinée dans une position qui laisse voir l'intérieur d'un vêtement, il faut colorier cette zone d'un ton plus foncé que le reste. Sur le dessin de droite, on a intensifié la couleur avec le feutre.

Wenn die Innenseite des Kleidungsstücks aufgrund der Stellung der Modepuppe sichtbar wird, muss sie dunkler als der Rest gezeichnet werden. Bei der rechten Figur wurde die Farbe mit Farbstift verstärkt.

Indien vanwege de pose van het model de binnenkant van een kledingstuk te zien is, dan moet deze in een donkerdere kleur worden gekleurd dan de rest. In de tekening rechts is de kleur versterkt met een viltstift.

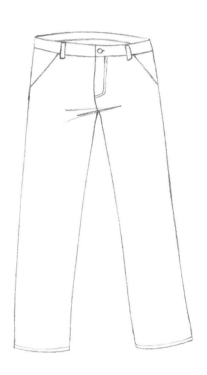

Pull-over zippé et jean // Pullover mit Reißverschluss und Jeans // Trui met ritssluiting en spijkerbroek

The shoulders and the outer part
of the sleeves should be areas
where generally a lot of light
falls – particularly in this case, with its
overhead lighting. For this reason, they
are mainly left white.

Les épaules et la partie extérieure
des bras sont, en général, des zones
particulièrement éclairées – surtout
dans ce cas par le plafonnier – c'est
pourquoi on les laisse en grande partie
blanches.

Normalerweise fällt ziemlich viel Licht
auf die Schultern und die Außenseiten
der Arme – insbesondere, wie in
diesem Fall, Licht von oben – so dass
sie größtenteils weiß belassen werden.

De schouders en de buitenkant van
de armen vangen in het algemeen vrij
veel licht – in dit geval vooral zenitaal
licht –, waardoor deze voor het
grootste gedeelte wit worden gelaten.

T-shirt avec gilet sans manche et pantalon slim // T-Shirt mit Weste und Röhrenhose //
T-shirt met vestje en skinny jeans

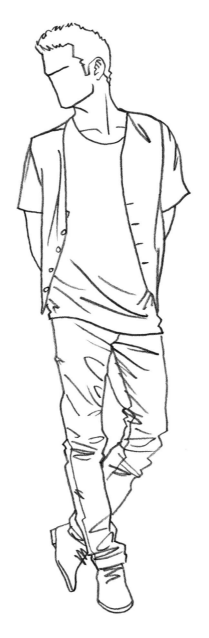

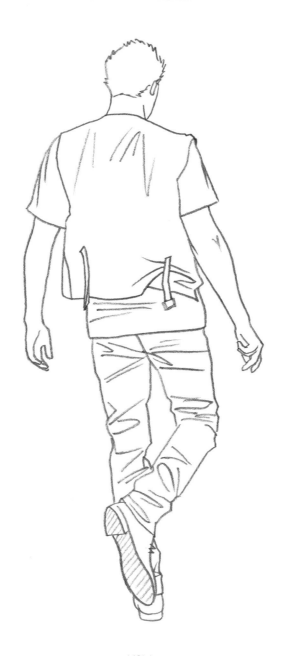

Where there are a few layers of clothing, as in this case with the T-shirt and the body warmer, if the outline of the body warmer is shaded it is clear that this garment is on top of the other.

Lorsqu'il y a superposition de vêtements, comme un t-shirt avec un gilet, il faut foncer les contours du gilet afin de bien montrer qu'il est sur le t-shirt.

Bei einer Übereinanderanordnung von Kleidungsstücken, wie in diesem Fall bei T-Shirt mit Weste, wird anhand der Schattierung der Westenkontur klargestellt, dass dieses Kleidungsstück über dem anderen getragen wird.

Als er sprake is van meerdere lagen kleding over elkaar, zoals hier een T-shirt met vestje, wordt door het arceren van de contouren van het vestje duidelijk gemaakt, dat dat kledingstuk over het andere wordt gedragen.

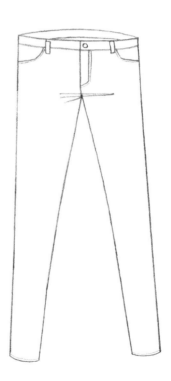

T-shirt avec cardigan et jean // T-Shirt mit Cardigan und Jeans // T-shirt met cardigan en spijkerbroek

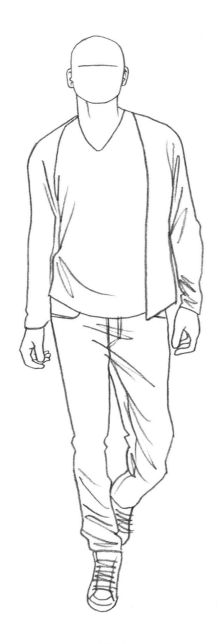

By using a dark color, such as this blue, with the pants, it is not necessary to apply an even darker tone for shading. As occurs with other colors, this can be done with gray.

Si on utilise une couleur forte, comme ce bleu pour le pantalon, il n'est pas nécessaire alors d'appliquer un ton plus foncé pour les ombres. Comme pour d'autres couleurs, un gris sera suffisant pour dessiner les ombres.

Durch die Verwendung einer starken Farbe, wie hier der Blauton für die Hose, muss keine dunklere Nuance für die Schatten verwendet werden. Man kann die Schatten wie bei anderen Farben mit Grau darstellen.

Bij het gebruik van een sterke kleur, zoals het blauw in deze broek, is het niet nodig om voor de schaduw een nog donkerdere tint te gebruiken. Zoals ook met andere kleuren, kan de schaduw met grijs worden aangegeven.

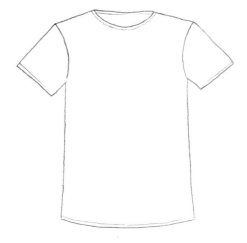

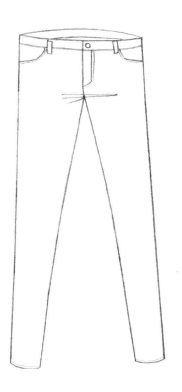

T-shirt à manches courtes avec foulard et pantalon slim //
Kurzarm-Shirt mit Halstuch und Röhrenhose // T-shirt met korte mouw met sjaal en skinny jeans

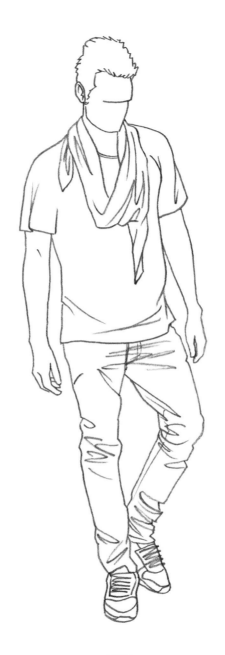

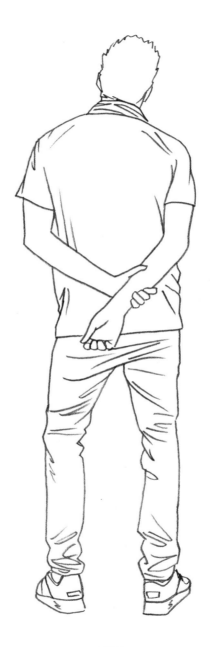

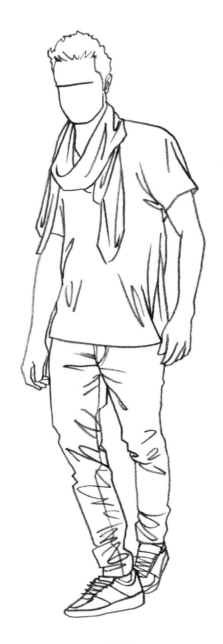

So that it is clear that the scarf has more volume than the T-shirt, although they are the same color, it has been colored with a slightly darker tone and its outline has been shaded, intensifying the effect.

Pour bien faire voir que le foulard a plus de volume que le t-shirt, même s'ils sont de la même couleur, on l'a colorié d'un ton un peu plus foncé et on a dessiné des ombres sur son contour, intensifiant ainsi l'effet.

Damit klar ersichtlich wird, dass das Halstuch mehr Volumen als das T-Shirt hat (obwohl beide Kleidungsstücke die gleiche Farbe haben), wurde es in einem etwas dunkleren Ton und mit Schatten an der Kontur gezeichnet.

Om aan te geven dat de sjaal meer volume heeft dan het T-shirt is deze, ook al hebben beide dezelfde kleur, in een iets donkerdere tint gekleurd en zijn de contouren daarvan gearceerd. Daardoor wordt het effect versterkt.

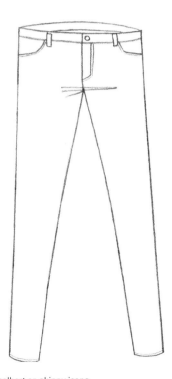

Veste en laine et pantalon slim // Wolljacke und Röhrenhose // Wollen colbert en skinny jeans

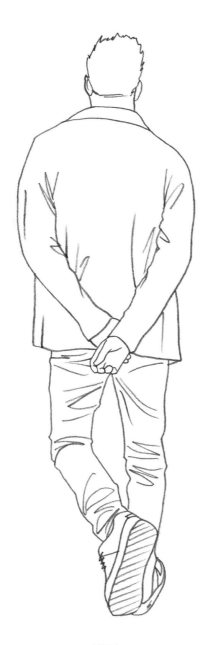

Even though the colors of the
garments worn by the model are
totally different, a good way to
guarantee harmony in the outfit is by
using the same tone in all elements
apart from the body.

Bien que les couleurs des vêtements
qui habillent la figurine de mode soient
totalement différentes, l'harmonie
de la composition peut être assurée
en utilisant le même ton sur tous les
éléments, sauf le corps.

Obwohl die Farben der
Kleidungsstücke, die die Modepuppe
trägt, völlig verschieden sind,
kann bei der Zusammenstellung
Harmonie entstehen, wenn bei allen
Elementen – außer am Körper – die
gleiche Nuance eingesetzt wird.

Hoewel de kleuren van de kleding
die het model draagt compleet
verschillend zijn, kan voor een
harmonieus effect in de compositie,
voor alle elementen, behalve het
lichaam, dezelfde tint worden gebruikt.

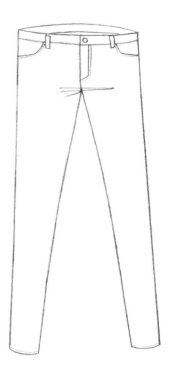

Veste polyester et jean // Polyesterjacke und Jeans // Polyester jasje en spijkerbroek

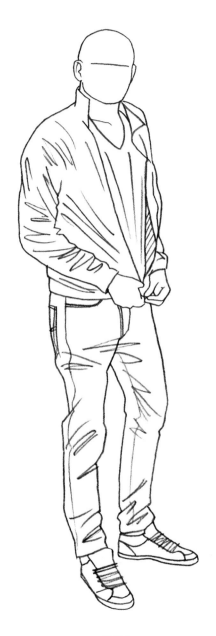

It is difficult to obtain light and shading effects with black. A technique to achieve a more effective sheen is to irregularly color the garment, which, along with the white area, will give quite realistic results.

Avec la couleur noire, il est plus difficile d'obtenir des effets d'ombre et de lumière. Pour obtenir un effet de brillance plus efficace, il existe une technique qui consiste à colorier le vêtement de façon irrégulière ce qui, avec les zones blanches, donne des résultats plutôt réalistes.

Bei schwarzer Farbe sind Licht- und Schatteneffekte schwieriger zu erzielen. Um einen wirksamen Glanz zu erzielen, kann das Kleidungsstück unregelmäßig ausgemalt werden. Zusammen mit den weißen Bereichen entsteht ein recht realistisches Ergebnis.

Met de kleur zwart is het moeilijker om licht- en schaduweffecten te bereiken. Een techniek voor een beter lichteffect is om het kledingstuk op onregelmatige wijze in te kleuren. Samen met de witte gedeeltes lijkt het dan vrij realistisch.

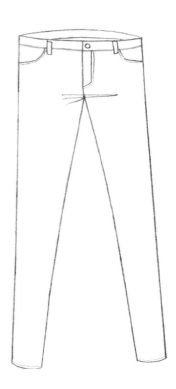

Veste en jean et jean slim // Jeansjacke und Röhrenjeans // Spijkerjas en skinny jeans

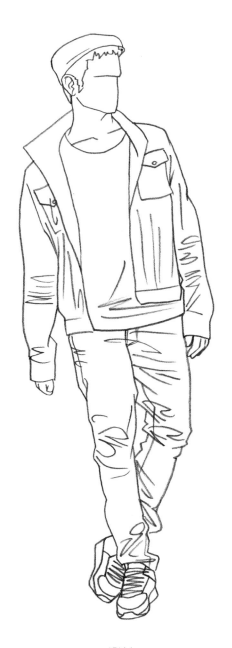

If the light comes totally or partially from above, the model's outline is well illuminated and is therefore left uncolored. If the model wears a hat, in this case a beret, its upper rim will remain white.

Si la lumière vient, entièrement ou en partie, d'en haut, les contours latéraux de la figurine sont très éclairés, on ne les colorie donc pas. S'il y a des chapeaux, dans ce cas un béret, alors la partie supérieure de ce dernier sera laissée blanche.

Wenn das Licht ganz oder teilweise von oben einfällt, werden die seitlichen Konturen der Modepuppe stark beleuchtet und daher nicht ausgemalt. Bei Hüten oder wie in diesem Fall bei einer Mütze wird der obere Rand auch weiß belassen.

Als het licht helemaal of gedeeltelijk van boven komt, zijn de contouren aan de zijkant van de modetekening erg licht en moeten dus wit worden gelaten. Bij een hoofddeksel, zoals hier een alpinopet, blijft de bovenste rand daarvan ook wit.

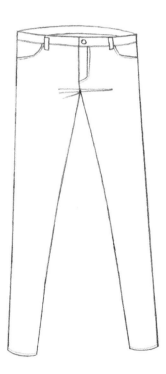

Chemise avec manches retroussées et jean // Hochgekrempeltes Hemd und Jeans //
T-shirt met opgerolde mouwen en spijkerbroek

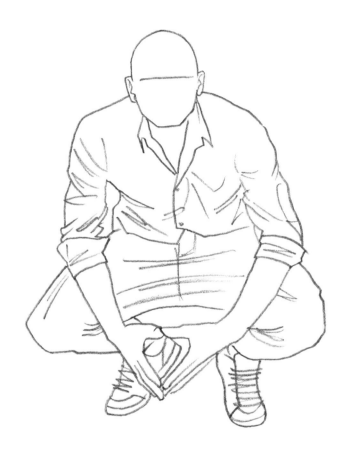

The main shades that are shown on the model are those that come from the volume of the body itself and the creases in the clothes owing to the shape in which the model has been drawn.

Les principales ombres que l'on dessine sur une figurine de mode sont celles qui proviennent du volume de son propre corps et des plis qui se forment sur les vêtements selon la position de cette figurine.

Die Hauptschatten, die an einer Modepuppe gezeichnet werden, stammen vom Volumen des Puppenkörpers und den Schatten, die aufgrund der Haltung der Modepuppe an der Kleidung entstehen.

De belangrijkste schaduwen die op de modetekening worden aangebracht ontstaan door het lichaam zelf en door de plooien die in de kleding vallen door de pose waarin het model is weergegeven.

Veste, chemise et jean // Blazer, Hemd und Jeans // Jasje, overhemd en spijkerbroek

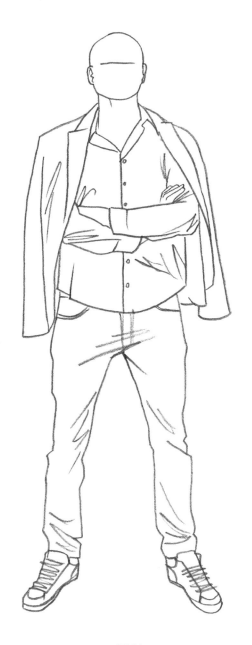

In the majority of the colored areas, three colors can be distinguished: white, to represent an area of sheen or light, the color of the garment/object and a darker tone to add shade.

Dans la majorité des zones colorées on peut distinguer trois couleurs : le blanc, pour représenter une zone de forte brillance ou lumière, la couleur du vêtement/objet et un ton plus foncé que ce dernier afin de marquer les zones d'ombre.

Auf der Mehrheit der ausgemalten Bereiche kann man drei Farben unterscheiden: Weiß, um einen Bereich mit viel Glanz oder Licht darzustellen, die Farbe des Kleidungsstücks bzw. Gegenstands und ein dunklerer Ton zum Schattieren.

In de meeste gekleurde gedeeltes zijn drie kleuren te onderscheiden: wit, om een deel met veel schittering of licht weer te geven, de kleur van het kledingstuk/voorwerp en een kleur die iets donkerder is dan deze laatste, om te arceren.

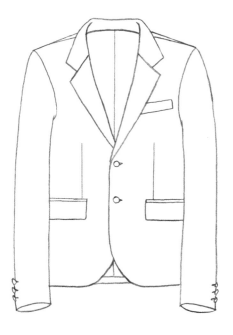

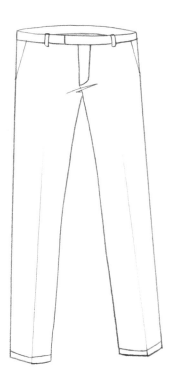

Costume // Anzug aus Jacke und Hose // Mantelpak en pantalon

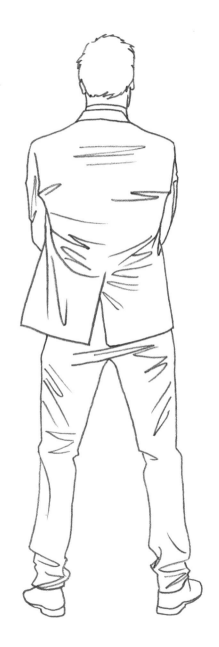

In dark garments such as this suit, it is also necessary to highlight the shading. In order to do so, another thicker layer of watercolor is applied over the base. If there are areas that need to be further intensified, this can be done using a felt tip pen.

Sur les vêtements foncés comme ce costume, il est également nécessaire de marquer les ombres. Pour ce faire, on applique sur la base une autre couche d'aquarelle assez épaisse. Si l'on veut intensifier certaines zones, on le fera à l'aide d'un feutre.

Auch bei dunkler Kleidung wie diesem Anzug müssen Schatten markiert werden. Hierfür wird auf die Unterschicht eine weitere dicke Aquarellschicht aufgetragen. Mit dem Farbstift können Bereiche, die noch verstärkt werden müssten, weiter betont werden.

In donkere kleding, zoals dit pak, moeten de schaduwen ook worden aangegeven. Daartoe wordt boven op de basislaag nog een vrij dikke laag aquarel aangebracht. Als bepaalde gedeeltes dan nog meer moeten worden versterkt, dan kan dat met een viltstift.